Valentin Wurth

Einarbeitung und Sozialisierung neuer Mitarbeiter als Führungsaufgabe

GRIN Verlag

Bibliografische Information der Deutschen Nationalbibliothek:

Die Deutsche Bibliothek verzeichnet diese Publikation in der Deutschen Nationalbibliografie; detaillierte bibliografische Daten sind im Internet über http://dnb.d-nb.de/ abrufbar.

Impressum:

Druck und Bindung: Books on Demand GmbH, Norderstedt Germany
ISBN: 978-3-656-31056-3

Dieses Buch bei GRIN:

http://www.grin.com/de/e-book/204340/einarbeitung-und-sozialisierung-neuer-mitarbeiter-als-fuehrungsaufgabe

GRIN - Your knowledge has value

Der GRIN Verlag publiziert seit 1998 wissenschaftliche Arbeiten von Studenten, Hochschullehrern und anderen Akademikern als eBook und gedrucktes Buch. Die Verlagswebsite www.grin.com ist die ideale Plattform zur Veröffentlichung von Hausarbeiten, Abschlussarbeiten, wissenschaftlichen Aufsätzen, Dissertationen und Fachbüchern.

Besuchen Sie uns im Internet:

http://www.grin.com/

http://www.facebook.com/grincom

http://www.twitter.com/grin_com

Hochschule Offenburg
University of Applied Sciences

Die Einarbeitung und Sozialisierung neuer Mitarbeiter als Führungsaufgabe

Seminararbeit

Studiengang Betriebswirtschaft (Master)

Valentin Wurth

Abgabedatum: 25.10.2012

Inhaltsverzeichnis

Abkürzungsverzeichnis

Abs.	Absatz
BetrVG	Betriebsverfassungsgesetz
bspw.	beispielsweise
bzgl.	bezüglich
o.g.	oben genannt
PA	Personalabteilung
usw.	und so weiter
z.B.	zum Beispiel

1. Einleitung

„Wenn du ein Schiff bauen willst, dann trommle nicht die Männer zusammen, um Holz zu beschaffen, Aufgaben zu vergeben und die Arbeit einzuteilen, sondern lehre die Männer die Sehnsucht nach dem weiten, endlosen Meer.“ [1]

Dieses Zitat beschreibt die Philosophie mit denen heutzutage in modernen Unternehmen gearbeitet und geführt werden sollte. Obwohl das Zitat aus dem frühen 20. Jahrhundert stammt, beginnen Unternehmen in Europa erst heute, es umzusetzen. Mitarbeiter[2] sollen in ein Projekt integriert werden, Verantwortung übernehmen und „mit dem Herzen bei der Sache sein“ um das Gelingen zu gewährleisten. Der Grundstein für die notwendige Mitarbeitermotivation wird bereits während der Personalauswahl und -einarbeitung gelegt. Obwohl der Personalauswahlprozess meist sehr aufwendig und kostenintensiv ist und die Qualität der Personaleinarbeitung in Hohem Maße darüber mitentscheidet, wie leistungsstark, kreativ und integriert der neue Mitarbeiter später ist, erscheint es umso erstaunlicher, dass manche Unternehmen in Form ihrer Führungskräfte diese Aufgabe der Personaleinführung nicht ernst genug nehmen.
Im schlechtesten Falle wird der neue Kollege nicht zur Verstärkung, sondern zur Belastung für das Unternehmen und für die bestehende Belegschaft. Die Stimmung der Kollegen sinkt und die Enttäuschung des neuen Mitarbeiters steigt in gleichem Maße. Die Kündigung scheint nur noch eine Frage der Zeit zu sein und danach beginnt erneut die Suche nach geeignetem Personal. Die Leerläufe bzw. die entstehenden Zusatzarbeiten, die durch solche Frühfluktuationen entstehen, verursachen immense Kosten. Neben den steigenden Kosten sinkt aber auch das Vertrauen der Belegschaft in die Führungskompetenz ihrer Vorgesetzten.[3]

Setzen Führungskräfte hingegen auf ein individualisiertes Einführungskonzept und den koordinierten Einsatz aller Beteiligten, entwickelt sich der „Neue“ zu einem leistungsstarken, kreativen und integrierten Mitarbeiter, der sich mit seinem neuen Arbeitgeber identifiziert (These 1). Diese Seminararbeit soll die Meilensteine einer gelungenen Einarbeitung sowie mögliche Stolpersteine nennen und erläutern. Des Weiteren soll die Notwendigkeit

---

[1] Zitat nach Antoine de Saint-Exupéry (1900-1944)
[2] In der folgenden Ausarbeitung werden aus Gründen der Vereinfachung die Begriffe wie Mitarbeiter, Arbeitnehmer, etc. für beide Geschlechter verwendet.
[3] Vgl. Bröckermann, 2007, S. 172

der Einführung und Sozialisierung des neuen Mitarbeiters durch die Führungskraft aufgezeigt werden. Der Fokus wird hierbei auf die Einarbeitung völlig neuer Mitarbeiter und nicht auf die Resozialisierung lange (bspw. krankheitsbedingt) abwesender Mitarbeiter gelegt.

2. Begriffsabgrenzungen

2.1 Sozialisierung

In Anlehnung an die vielschichtige und ausführliche Beschreibung von Klaus Hurrelmann lässt sich *Sozialisierung* zusammenfassend folgendermaßen definieren. Die Sozialisierung ist der Einführungsprozess eines Individuums in eine Gesellschaft (eines Unternehmens). Dabei werden die charakteristischen Wahrnehmungs-, Verhaltens- und Ausdrucksmuster der Gesellschaft durch das Individuum erkannt und adaptiert. Hierbei wird zwischen bewusster und unbewusster Anpassung unterschieden. Die bewusste Anpassung erfolgt beispielsweise durch das Erlernen spezifischer Kenntnisse und Fertigkeiten, wobei hingegen die unbewusste Anpassung eines Individuums durch unbewusste Internalisierung von Inhalten, Maßstäben und Einstellungen einer Gesellschaft stattfindet. Sowohl bei der unbewussten, als auch bei der bewussten Anpassung lernt der neue Mitarbeiter, welches Verhalten erfolgsversprechend ist und welches nicht. Am Ende einer erfolgreichen Sozialisierung ist das Individuum aktives Mitglied und prägt durch sein Verhalten die Gesellschaft.[4]

2.2 Einarbeitung

Unter *Einarbeitung* wird der fachliche Qualifizierungsprozess eines neuen Mitarbeiters verstanden. Die Begriffe „Einführung“ oder „Eingliederung“ werden häufig auch als Synonyme für diesen Prozess verwendet. Am Ende der Einarbeitung soll die vollständige fachliche Integration stehen, sodass der Mitarbeiter seine neue Aufgabe eigenständig ausführen kann. Die Dauer des vollständigen Einarbeitungsprozesses hängt von mehreren Parametern ab, welche im folgenden Abschnitt erläutert werden.[5]

---

[4] Vgl. Hurrelmann 2002, S.11-19

[5] Vgl. Huber in Gaugler, Weber, 1992, S. 764 ff.

1.) Unternehmensbezogene Faktoren:

- *Größe des Unternehmens*: Gibt es viele neue Kollegen, mit denen zusammengearbeitet werden muss?
- *Branche*: Ist die Branche überschaubar oder gibt es z.B. viele Wettbewerber, die vor Ausübung der Position analysiert werden müssen?
- *Struktur des Unternehmens*: Sind Abläufe und Prozesse sehr stark standardisiert, sodass ein neuer Mitarbeiter sie erst verinnerlichen muss, bevor er arbeiten kann?

2.) Stellenbezogene Faktoren:

- *Komplexität der Tätigkeit*: Je komplexer die Aufgabe, desto länger die Einarbeitungszeit.
- *Hierarchiestufe*: Mit zunehmender Hierarchiestufe und Verantwortung wächst die Einarbeitungszeit.
- *Ort der Tätigkeit*: Auslandspositionen benötigen häufig aufgrund der Sprachbarriere eine längere Einarbeitungszeit.

3.) Mitarbeiterindividuelle Faktoren:

- *Fachwissen*: Verfügt der neue Mitarbeiter bereits über adäquate Fachkompetenz?
- *Erfahrung*: Hat der neuer Mitarbeiter schon häufig neue Stellen angenommen?
- *Individuelle Auffassungsgabe*: Wie schnell lernt ein Individuum neuartige Dinge?[6]

Als Faustformel wird häufig in der Literatur die Zeit zwischen dem ersten Arbeitstag und dem Ablauf der Probezeit als Einarbeitungszeit genannt.[7] Diese Vereinheitlichung hat aber aufgrund der o.g. Parameter keine universelle Gültigkeit für alle neuen Mitarbeiter. Im Betriebsverfassungsgesetz wird der Arbeitgeber sogar verpflichtet, den neuen Arbeitnehmer einzuarbeiten: „Der Arbeitgeber hat den Arbeitnehmer über dessen Aufgaben und

[6] Vgl. Büdenbender / Strutz 2011, S. 183
[7] Vgl. Ströker 2007, S.15

Verantwortung, sowie über die Art seiner Tätigkeit und ihre Einordnung in den Arbeitsablauf des Betriebs zu unterrichten. Er hat den Arbeitnehmer vor Beginn der Beschäftigung über die Unfall- und Gesundheitsgefahren, denen dieser bei der Beschäftigung ausgesetzt ist, sowie über die Maßnahmen und Einrichtungen zur Abwendung dieser Gefahren zu belehren.“ (§ 95 Abs. 1 BetrVG)

Zusammenfassend lässt sich konstatieren, dass die Dauer und Gestaltung der Einführungsphase von unternehmens-, stellen- und mitarbeiterindividuellen Faktoren abhängt (These 2).

3. Aufgabenverteilung bei der Einarbeitung und Sozialisierung

3.1 Aufgaben der Personalabteilung

Die Personalabteilung ist in allen Fragen rund um das Thema Personal in einem Unternehmen direkt oder indirekt involviert.[8] Somit fallen ihr auch einige Aufgaben im Rahmen der Einarbeitung und Sozialisierung neuer Mitarbeiter zu. Die beiden Hauptaufgaben bestehen zum einen aus der *Personalbeschaffung* und zum anderen aus der *Personalentwicklung.*

Bei der Personalbeschaffung übernimmt die Personalabteilung in Zusammenarbeit mit dem späteren Vorgesetzten die Formulierung einer passenden Stellenbeschreibung hinsichtlich der geforderten Ziele, Aufgaben und Kompetenzen. Des Weiteren wird die Veröffentlichung der Stellenanzeige in den passenden Medien von der Personalabteilung übernommen. Doch auch Aufgaben, die im direkten Zusammenhang mit der Einarbeitung stehen, werden von der PA mitgetragen. So hilft sie bei der Erstellung von Einarbeitungsplänen oder Checklisten und klärt darüber hinaus Organisatorisches beim Start der neuen Beschäftigung wie z.B. Vervollständigung der Personalpapiere, Verwaltung der persönlichen Akte oder Ausstellung eines Betriebsausweises.[9]

Durch eine strukturierte, umfassende Information zu Beginn des Arbeitsverhältnisses erzeugt ein Unternehmen einen wesentlich kompetenteren Eindruck, als wenn der neue Mitarbeiter die notwendigen Informationen nach und nach eher zufällig erfährt. Zu diesen re-

[8] Vgl. Bröckermann 2007, S. 7
[9] Vgl. Ströker 2007, S. 36 f.

levanten Informationen zählen bspw. die Erklärung der Sozial- und Sonderleistungen oder der Zeiterfassung.[10]

Die Aufgaben der Personalentwicklung hängen nur indirekt mit der Einarbeitung neuer Mitarbeiter zusammen. Vielmehr muss die Personalabteilung den Schulungsbedarf für Führungskräfte rechtzeitig erkennen und ggf. beheben, welche für die fachliche und soziale Einführung neuer Mitarbeiter in Frage kommen. Durch entsprechende Weiterbildungen werden die Qualität der Einarbeitung und somit letztendlich auch die Qualität des neuen Mitarbeiters gesteigert.

Darüber hinaus sollte die Personalabteilung als vertrauenswürdige Anlaufstelle bei Problemen sowohl für die Führungskraft, als auch für den neuen Mitarbeiter fungieren.

Eine weitere Aufgabe der Personalabteilung ist das Controlling. So können bspw. Kennzahlen im Zusammenhang mit der Einarbeitung neuer Mitarbeiter ermittelt werden. Eine aussagekräftige und wichtige Kennzahl ist hier die (Früh)fluktuationsquote, welche im Kapitel 4.4 näher betrachtet wird.

3.2 Aufgaben der Mitarbeiter und des Paten

Die Nachricht, einen neuen Kollegen zu begrüßen, stößt bei den meisten Mitarbeitern eines Unternehmens zunächst einmal auf Skepsis. Grund dafür sind vor allem das Aufbrechen vorhandener Strukturen sowie die Angst, dass durch die Einstellung eines neuen Mitarbeiters auch Veränderungen und Stress für jeden Einzelnen entstehen und gleichzeitig die „Komfortzone" verlassen werden muss.[11] Des Weiteren erhöht sich die Skepsis, wenn der vorherige Stelleninhaber fachlich und auch menschlich einen hohen Stellenwert im Team genoss. Es ist jedoch die Aufgabe der bestehenden Mitarbeiter, eine freundliche Atmosphäre bei Arbeitsbeginn zu schaffen. Dies kann z.B. durch ein freundliches Willkommen, eine persönliche Vorstellung oder ein kleines Präsent realisiert werden und somit sinkt auch die Nervosität beim neuen Mitarbeiter. Wird diese Aufgabe von den neuen künftigen Kollegen nur unzureichend wahrgenommen, sollte die Führungskraft nicht davor zurückschrecken, die Belegschaft zu einer positiven Aufnahme zu animieren bzw. sie zu initiieren.

[10] Vgl. Lorenz / Rohrschneider 2009, S. 188
[11] Vgl. Asgodom 2007, S. 111

Aus dem Kreis der engeren künftigen Kollegen wird häufig ein einzelner Mitarbeiter von der Führungskraft gewählt, welcher dann für den neuen Mitarbeiter als Pate fungiert und spezielle Aufgaben übernimmt. Bei der Auswahl sollte sichergestellt werden, dass er diese Aufgabe aus eigener Motivation heraus übernimmt und sich bei möglichen Fragen nicht gestört fühlt oder dieses Gefühl nach außen vermittelt. Des Weiteren ist es vorteilhaft, wenn der Pate mit neuen Mitarbeitern hierarchisch gleichgestellt ist. Neben fachlicher Kompetenz sollten die Kernkompetenzen des Paten vor allem in Geduld, Hilfsbereitschaft und Kommunikationsfähigkeit liegen. [12]

Zur Entlastung der Führungskräfte kann der Pate einige Aufgaben komplett eigenständig oder in Zusammenarbeit mit der Führungskraft erledigen. Werden die Einführungsaufgaben zwischen Pate und Führungskraft aufgeteilt, so ist eine akribische Abstimmung erforderlich, die z.B. durch die Verwendung von Checklisten gewährleistet werden kann. Jedoch ist diese Übernahme von Führungsaufgaben durch den Paten mit Vorsicht zu genießen, denn er könnte sich beispielsweise als „Ersatz-Vorgesetzter“ fühlen. Ebenfalls besteht die Möglichkeit, dass der neue Mitarbeiter durch den Einsatz eines Paten in Unsicherheit bzgl. der korrekten Wahl der Kontaktperson bei diversen Anliegen verfällt. Aus diesen möglichen Konfliktgründen sollten sich die Aufgaben des Paten auf folgende Bereiche beschränken:

Aufgaben in Zusammenarbeit mit der Führungskraft

Noch bevor der neue Mitarbeiter die Arbeit aufnimmt, soll der Pate in Zusammenarbeit mit der Führungskraft den ersten Arbeitstag vorbereiten. Hierzu gehören insbesondere die Einrichtung des neuen Arbeitsplatzes und die Art der Vorstellung des neuen Mitarbeiters. Des Weiteren ist es Aufgabe des Paten, den geplanten Einarbeitungsplan mit der Führungskraft zu besprechen, um eventuelle Meilensteine und Kompetenzbereiche des Paten festzulegen.

Räumliche Orientierung unterstützen

Zu Beginn eines neuen Arbeitsverhältnisses herrscht häufig eine räumliche Desorientierung und die neuen Mitarbeiter sind in den ersten Tagen bzw. Wochen auf Hilfe angewiesen. Aufgabe des Paten ist es, die betrieblichen Einrichtungen vorab zu erklären und bei individuellen Folgefragen zur Verfügung zu stehen.

---

[12] Vgl. Verfürth 2006, S. 96

Unternehmenseigenheiten vermitteln

Der Pate sollte den neuen Kollegen auf betriebliche Besonderheiten, Üblichkeiten, Bräuche und sonstige unternehmensindividuelle Rechte und Pflichten hinweisen. Durch Informationen über Eigenheiten anderer Mitarbeiter und Vorgesetzter kann der Pate verhindern, dass der „Neue“ gleich zu Beginn in eine heikle Situation kommt oder einen vermeidbaren Fehler begeht. So kann bspw. eine nützliche Information sein, welche Mitarbeiter sich auf die gleiche Stelle beworben hatten, aber zu Gunsten des neuen externen Mitarbeiters abgelehnt wurden.

Soziale Integration fördern

Die Hauptaufgabe des Paten besteht in der sozialen Integration des neuen Kollegen, in dem er ihn in die Gemeinschaft der Kollegen einführt. Er fungiert als Bindeglied zwischen bestehendem Kollegium und neuem Angestellten und soll gewährleisten, dass die menschliche Eingliederung in das neue Arbeitsumfeld reibungslos vonstattengeht. So bietet es sich z.B. an, dass der Pate die erste Zeit gemeinsam mit dem neuen Mitarbeiter in die Kantine zum Essen geht, um die Knüpfung sozialer Kontakte zu erleichtern. Umgekehrt ist es auch die Aufgabe des Paten, die Reserviertheit des bestehenden Kollegiums gegenüber dem neuen Kollegen durch aktive Ermunterung zu lösen.[13]

Auf einen Nenner gebracht sollte der Pate stets für den Mitarbeiter ansprechbar sein und ihn mit kollegialem Rat und Tat unterstützen. Zusammenfassend lässt sich konstatieren, dass der Ansatz des Patensystems durchaus nützliche und positive Aspekte enthält. So kann die soziale Integration des neuen Mitarbeiters durch einen Paten beschleunigt werden. *Entscheidet sich ein Unternehmen für den Einsatz dieses Systems, sollten aber stets auch der erhöhte Koordinationsaufwand zwischen Führungskraft und Pate sowie die damit verbundene Gefahr der Kompetenzüberschneidungen berücksichtigt werden (These 3).* Hat der neue Mitarbeiter mehrere Ansprechpartner, kann auch die Unsicherheit bzgl. der passenden Referenzperson steigen.

[13] Vgl. Stenken 2004, S. 6 f.

3.3 Aufgaben der Führungskraft

Der unmittelbare Vorgesetzte trägt die Verantwortung für Erfolg oder Misserfolg bei der Eingliederung eines neuen Mitarbeiters. Aus diesem Grund hat die Führungskraft während den verschiedenen Einarbeitungsphasen eine Reihe von Aufgaben zu erledigen, um das Gelingen zu gewährleisten. Jedoch sind diese Aufgaben häufig so umfangreich, dass die Führungskraft diese alleine nicht bewältigen kann. Aus diesem Grund wird in vielen Unternehmen das in Kapitel 3.2 erläuterte Patensystem implementiert. Doch trotz der möglichen Abtretung einiger Aufgaben an den Paten gibt es eine Reihe nicht delegierbarer Aufgaben. [14] *Die Führungskraft muss zumindest immer die Steuerung und Kontrolle der jeweiligen delegierten Einarbeitungsprozessschritte in seinem Kompetenzbereich halten (These 4).*

Abstrakt formuliert, soll nach Hans Jürgen Kratz die Führungskraft den Eingliederungsprozess „überlegt planen", „sinnvoll gestalten" und „systematisch durchführen".[15] Aus diesen strategischen Aufgaben lassen sich die operativen Aufgaben in den jeweiligen Einarbeitungsphasen folgendermaßen ableiten:

3.3.1 Phase der Personalplanung und –beschaffung

Diese Phase soll nur zur Vollständigkeit kurz beleuchtet werden, da die Führungskraft bei der Personalplanung und –beschaffung zumeist nur beratend zur Verfügung steht. So kann sie den verschiedenen Planungsschritten Scanning, Personalbedarfsplanung, Ermittlung des Netto-Personalbedarfs und den personellen Folgeplanungen[16] beisitzen und sich informieren lassen, wenn es den fachlichen Kompetenzbereich der jeweiligen Führungskraft betrifft. Des Weiteren kann es vorkommen, dass ein Personalbedarf explizit von der Führungskraft gemeldet und somit der Beschaffungsprozess angestoßen wird. Geschieht dies, muss die Führungskraft in Zusammenarbeit mit der Personalabteilung die Stellenbeschreibung und das daraus abgeleitete Anforderungsprofil formulieren. Ist die Zusammenarbeit in dieser frühen Personalbeschaffungsphase zwischen dem späteren direkten Vorgesetzten und der Personalabteilung mangelhaft, wächst das Risiko einer beiderseitigen Enttäuschung und dem damit verbundenen Misserfolg der Rekrutierung. Wird zwischen Unter-

[14] Vgl. Stenken 2004, S. 6
[15] Vgl. Kratz 1997, S. 21
[16] Vgl. Stäbler / Schleiter 1999, S. 54

nehmen und Bewerber ein Probearbeitstag vereinbart, muss die Führungskraft einen erfahrenen Mitarbeiter benennen, welcher dem Bewerber die Aufgaben schildert und typische Tätigkeiten demonstriert.[17] Hierbei bietet es sich an einen Mitarbeiter zu wählen, der in die engere, potentielle Auswahl für die spätere Patenrolle fällt. Auf diese Weise kann bereits ein erstes Vertrauensverhältnis zur späteren Bezugsperson aufgebaut werden.

3.3.2 Phase vor dem Arbeitsantritt

Ist die Phase der Personalbeschaffung durch den Abschluss eines rechtsgültigen Arbeitsvertrages beendet, beginnt die „Pre-Worktime" Phase. Um die Eingliederung später erfolgreich zu gestalten, muss die Führungskraft frühzeitig mit der Vorbereitung beginnen. Abstrakt formuliert besteht in dieser Phase die Hauptaufgabe der Führungskraft in der „Information" und „Organisation".[18]
Bei der „Information" handelt es sich einerseits um die Unterrichtung des neuen Mitarbeiters und andererseits, nicht weniger wichtig, um die Kommunikation mit der bestehenden Belegschaft. Der neue Mitarbeiter kann beispielsweise schriftlich über den genauen Ablauf des Arbeitsbeginns und die Formalitäten instruiert werden. So können diesem Schreiben wichtige Daten zum Ablauf des ersten Tages bzw. der ersten Woche mitgeteilt und dem „Neuen" somit die Unsicherheit genommen werden.[19] Im gleichen Zeitraum sollten auch die künftigen Kollegen des neuen Mitarbeiters über die Einstellung informiert werden. Inhalt dieser Benachrichtigung sollten Eintrittsdatum, Werdegang, Einsatzgebiet und die genaue Definition der Aufgaben sein. Ziel des Vorgesetzten muss es sein, Hemmnisse und eventuell vorhandene Vorbehalte gegenüber dem „Neuen" auszuräumen. Durch eine klare Ansprache kann auch die Angst und die drohende Konkurrenzsituation durch die Einstellung vermindert bzw. entschärft werden. Wichtig ist es hierbei, diese Ansprache frühzeitig zu halten, da sich sonst die bestehenden Mitarbeiter übergangen gefühlt könnten. In der Praxis können Kollegen in dieser Informationsrunde teilweise sogar Tipps und Vorschläge für einen passenden Einarbeitungsplan an die Führungskraft weitergeben.[20]

Unter die Aufgabe der „Organisation" fällt zu aller erst die Erstellung einer Checkliste für den gesamten Ablauf der mitarbeiterindividuellen Einarbeitung. Diese Checkliste dient der

[17] Vgl. Ströker 2007, S. 35 - 39
[18] Vgl. Ströker 2007, S. 42
[19] Vgl. Ströker 2007, S. 42
[20] Vgl. Verfürth 2006, S. 93

Führungskraft als roter Faden und Koordinationsinstrument aller zu erledigenden Aufgaben und deren ausführender Organe. Die im Anhang angefügte Checkliste führt alle zu erledigenden Schritte mit der dazugehörigen ausführenden Stelle auf. Aus dieser Gesamtcheckliste können, falls notwendig, die jeweiligen Teilchecklisten für die Personalabteilung oder den Paten extrahiert werden.[21] Die beigefügte Checkliste ist allerdings nicht für jedes Unternehmen anwendbar, da sie lediglich als Anhaltspunkt für die mitarbeiterindividuelle Checkliste verwendet werden soll. Je größer die Individualität und die Abstimmungen auf den neuen Mitarbeiter und auf das betreffende Unternehmen sind, desto größer sind zumeist die Erfolgsaussichten bei der Erfüllung der Aufgaben.

Nach der ebenfalls im Aufgabenbereich der Führungskraft befindlichen Auswahl des Paten muss die Erstellung des Einarbeitungsplans durchgeführt werden. Zwar sind bei der Ausarbeitung dieses Plans mehrere Personen (Pate, künftige Kollegen, usw.) beteiligt, doch obliegt die endgültige Entscheidung über die Ausgestaltung der Führungskraft. Im Anhang ist eine mögliche Strukturierung eines solchen Planes beigefügt. Dieser Plan dient dem neuen Mitarbeiter als übersichtlicher Leitfaden seiner zu erwerbenden Fähigkeiten und soll sowohl fachliche, wie auch persönliche Aspekte berücksichtigen. Dieser Einarbeitungsplan kann weniger pauschalisiert werden, als die Einarbeitungscheckliste, da der Plan sehr detailliert auf Qualifikation, Kompetenz und künftige Tätigkeit des neuen Mitarbeiters eingeht.[22] Die Gestaltung dieser Einführungsprogramme hängt neben dem neuen Mitarbeiter zusätzlich auch von der Philosophie des Unternehmens ab. So kann ein Unternehmen verschiedene grundlegende Strategien verfolgen. Die Möglichkeiten gehen von „ins kalte Wasser werfen“, „Grenzen aufzeigen“ bis hin zur „Schon-Strategie“. Daneben können verschiedene Varianten von individuellen Traineeprogrammen angewendet werden. Auf diese Grundsatzstrategien soll an dieser Stelle nicht weiter eingegangen werden, weil die Auswahl nicht die Aufgabe einer Führungskraft ist, sondern die Grundsatzstrategie zumeist vom Management vorgegeben wird.[23] Des Weiteren verdeutlicht die einschlägige Literatur die Wichtigkeit eines beim Arbeitsantritt vollständig eingerichteten Arbeitsplatzes. Somit wird dem neuen Mitarbeiter das Gefühl vermittelt, dass er erwartet und willkommen ist, was wiederum die Motivation erheblich steigert. Diese banalen Aufgaben scheinen zwar selbstverständlich, doch haben sie bei Nichterledigung eine sehr starke negative Auswir-

[21] Vgl. Ströker 2007, S. 44
[22] Vgl. Bröckermann 2007, S. 173
[23] Vgl. Rohrlack 2012, S. 149

kung zu Beginn des Arbeitsverhältnisses und aus diesem Grund muss die Führungskraft die Erledigung koordinieren und sicherstellen.[24] *Alles in allem sind eine systematische Organisation und Information die Grundlage für einen gelungenen ersten Arbeitstag (These 5).*

3.3.3 Der erste Arbeitstag

Die eigentliche Einarbeitung und Sozialisierung neuer Mitarbeiter beginnt am ersten Arbeitstag. Da beim neuen Mitarbeiter eine Mischung aus Vorfreunde, innere Anspannung, Unsicherheit und teilweise auch Angst vorhanden ist, muss die Führungskraft die negativen Gefühle möglichst schnell beseitigen und offene Fragen beantworten. Am geeignetsten dafür erscheint ein Einführungsgespräch zwischen Führungskraft und neuem Angestellten, welches jedoch ohne Zeitdruck stattfinden sollte. In diesem Gespräch muss der Vorgesetzte zum einen verdeutlichen, dass der „Neue" willkommen ist und zum anderen muss er nach der Begrüßungsphase die Erwartungen und die Wichtigkeit seiner neuen Aufgabe formulieren. Hierbei gilt es für die Führungskraft sicherzustellen, dass dieses Orientierungsgespräch nicht in einer netten „Plauderei" endet, sondern von Beginn an strukturiert verläuft. Dies bedarf einer individuellen Vorbereitung der Führungskraft auf dieses Gespräch.[25] Die Erläuterung der Funktionsweise und Organisationsstruktur des Unternehmens ist ebenfalls von großer Bedeutung und kann durch sog. „Mitarbeiterordner" unterstützt werden, in denen z.B. ein Organigramm, eine Unternehmenspräsentation, oder ein geografischer Plan des Betriebsgrundstücks zu finden sind.[26]

Nach der Übergabe und Klärung des Einarbeitungsplans erfolgt mit der Vorstellung der neuen Kollegen der nächste, wichtige Schritt am ersten Arbeitstag. Hat sich das Unternehmen für den Einsatz eines Paten entschieden, sollte dieser dem neuen Mitarbeiter vorab vorgestellt werden, da der Pate eine der wichtigsten künftigen Bezugspersonen darstellt. Handelt es sich um eine kleinere Firma, kann die Führungskraft zusammen mit dem neuen Mitarbeiter und dem Paten einen Betriebsrundgang machen. Währenddessen kann sich der „Neue" mit den künftigen Kollegen vertraut machen. Bei größeren Unternehmen sollte

[24] Vgl. Ströker 2007, S. 44-45
[25] Vgl. Verfürth 2006, S. 94
[26] Vgl. Ströker 2007, S. 49-50

sich die Vorstellung durch die Führungskraft auf unmittelbare spätere Kollegen reduzieren.[27]

3.3.4 Einarbeitungsphase des neuen Mitarbeiters

Die Grundlage für eine erfolgreiche Einarbeitungsphase wird am ersten Tag gelegt, jedoch sind die nächsten Tagen und Wochen wichtig, damit sich der neue Kollege im Unternehmen etablieren kann. Der Vorgang des Inplacement kann grob in drei Teile unterteilt werden:

Während der ersten Woche steht die Informationsvermittlung und Orientierung im Vordergrund. So sollte die Führungskraft die ersten kurzfristigen Arbeitsziele, die geltende Ordnung und die gewünschte Verhaltensweise am Arbeitsplatz mit dem neuen Mitarbeiter besprechen. Die restlichen Erläuterungen zur operativen Arbeit werden vom Paten vermittelt.

Im Laufe des ersten Monats wandelt sich der Schwerpunkt von der reinen Information zur Kommunikation bzgl. des Verlaufs der Einarbeitung. Vor allem die Führungskraft muss sich hier sehr aktiv zeigen, indem sie sich gegen Ende des ersten Monats mit dem Paten und dem neuen Mitarbeiter in einem strukturierten Feedbackgespräch zusammen setzt. In diesem Gespräch wird dem Neuling mitgeteilt, welche ersten Eindrücke das Unternehmen in den ersten vier Wochen gewonnen hat. Dieses Gespräch dient als Standortbestimmung, auf welche der neue Mitarbeiter durch gegebenenfalls verändertes Verhalten reagieren kann. Darüber hinaus können in diesem ersten Feedbackgespräch auch Wünsche und Anliegen des „Neuen“ geäußert werden, auf die die Führungskraft dann adäquat handeln muss. So kann der neue Angestellte in dem ersten Feedbackgespräch besonderen Qualifikationsbedarf äußern, um der neuen Aufgabe gerecht zu werden. Auf diesen Bedarf muss die Führungskraft schnell reagieren und den Einarbeitungsplan entsprechend anpassen bzw. erweitern. Die Schwerpunkte *im ersten halben Jahr* bleiben weiterhin auf der Kommunikation und Information gerichtet. Regelmäßige Feedbackgespräche dienen der Rückmeldung der erbrachten Leistung des neuen Mitarbeiters und der Festsetzung neuer kurzfristiger Ziele bis zum nächsten Feedbackgespräch. Zum Ende der meist halbjährlichen Probezeit findet ein Abschlussgespräch statt, in dem die Einarbeitungszeit beurteilt und dem Mitarbeiter mitgeteilt wird, ob das Arbeitsverhältnis weiterhin bestehen bleibt. Durch

[27] Vgl. Verfürth 2006 S. 95

einen Soll- / Ist- Vergleich wird der Erreichungsgrad der vorgegeben Ziele ermittelt, welcher die Grundlage für die Bewertung darstellt. Ist der Zielerreichungsgrad nicht zufriedenstellend, gibt es z.B. die Möglichkeit, die Einarbeitungszeit zu verlängern. Bei der Beurteilung des neuen Mitarbeiters ist es von Vorteil, einen von der Personalabteilung standardisierten Beurteilungsbogen zu verwenden, um die abteilungsübergreifende Vergleichbarkeit der Beurteilung zu gewährleisten.[28] *Abschließend bleibt festzuhalten, dass der Erfolg der fachlichen Einarbeitung von der Qualität des Feedbacks abhängig ist (These 6).*

Während der gesamten Einarbeitungsphase sollte die Führungskraft nicht nur die fachliche Einarbeitung kontrollieren, sondern auch den Fortschritt der sozialen Integration überprüfen und bei Bedarf aktiv fördern. Eine integrationsfördernde Maßnahme wurde beispielsweise im Jahr 1998 bei dem Unternehmen „debis Systemhaus IBS MI" implementiert. Das START-Programm soll neuen Mitarbeitern die Chance geben, in ein soziales Gefüge hineinzuwachsen. Zu jedem Quartalsbeginn werden Gruppen von vier bis sechs neuen Mitarbeitern aus verschiedenen Abteilungen gebildet, die im Wettbewerb zueinander ein betriebliches Problem lösen sollen, für welches im Alltag zu wenig Zeit ist. Ein Mentor pro Gruppe steht zur Beratung bereit und gibt bei Bedarf Hilfestellung. Am Ende der Bearbeitungszeit wird die beste Projektlösung von Führungskräften und der Geschäftsleitung prämiert. Durch die unternehmensspezifischen Probleme werden zum einen die abteilungsübergreifenden Prozesse von neuen Mitarbeitern verstanden. Zum anderen wird der erste Kontakt zu den neuen Kollegen hergestellt und somit wird der Anstoß zur abteilungs- und projektübergreifenden Zusammenarbeit gegeben.[29]

Ein weiteres Instrument zur Steigerung der sozialen Integration ist die Einführung von betrieblichen Sportaktivitäten. Die Führungskraft kann regelmäßige sportliche Aktivitäten initiieren. Zum einen wird dadurch der Teamgeist einer Abteilung gestärkt und die Einbindung neuer Mitarbeiter erleichtert, da bei Veranstaltungen außerhalb des Arbeitsalltages die Hierarchieebenen nicht im Vordergrund stehen, was zum anderen zur Lockerung der Atmosphäre führt. Des Weiteren belegen Studien, dass ein gesteigertes Sportangebot positiven Einfluss auf die Reduktion der Fluktuation und die Steigerung der Integration neuer Mitarbeiter hat.[30]

---

[28] Vgl. Ströker 2007, S. 52-55
[29] Vgl. Ströker 2007, S. 55-56
[30] Vgl. Mess 2007, S. 320

4. Mögliche Konfliktfelder und deren Auswirkung

4.1 Rollenkonflikte

Es existiert eine Reihe von kritischen Erfolgsfaktoren, die über Erfolg oder Misserfolg der Einführung eines neuen Mitarbeiters entscheiden. Der Begriff „Rollenkonflikt" bezeichnet die möglichen Konflikte, welche bei der Ausübung der neuen Stelle (Rolle) entstehen können. So gibt es einerseits die quantitative Unter- bzw. Überforderung, d.h. die zur Verfügung stehende Zeit passt nicht zum vorgegeben Aufgabenvolumen. Dadurch entsteht eine dauerhafte Überlastung oder Unterforderung des neuen Mitarbeiters. Diese Art des Konfliktes kann beispielsweise, dadurch entstehen, dass der Vorgänger durch jahrelange Übung die Aufgabe in einer wesentlich kürzeren Zeit erledigen konnte, als der neue Mitarbeiter zu Beginn fähig ist (Lernkurveneffekt). Andererseits gibt es daneben auch die qualitative Unter- bzw. Überforderung, d.h. die zu erledigende Aufgabe passt qualitativ nicht zum Leistungsniveau des neuen Mitarbeiters. Leichte qualitative Überforderungen wirken sich in der Einführungsphase grundsätzlich weniger negativ auf die Stimmung des „Neuen" aus, als qualitative Unterforderungen. Sollten sowohl die qualitative oder die quantitative Über- bzw. Überforderung länger anhalten, besteht die Gefahr eines Burn-Out- bzw. eines Bore-Out-Syndroms.[31] Wenn die Anforderungen einer Stelle nicht zum neuen Mitarbeiter passen, ist die Rede von einem „Professionskonflikt".[32]

4.2 Konflikte durch inkongruente Erwartungen

Sowohl der Vorgesetzte als auch der neue Mitarbeiter haben zu Beginn des Arbeitsverhältnisses ziemlich genaue Erwartungen an die Gegenseite. Passen diese unterschiedlichen Erwartungen nicht zueinander oder stehen mit einander im Konflikt, birgt das die große Gefahr von Enttäuschungen und Auseinandersetzungen. Eine verzerrte Erwartungshaltung des Vorgesetzen bzw. des Unternehmens resultiert meistens aus einer zu attraktiven Darstellungsweise des Bewerbers im Vorstellungsgespräch. Um diesen Enttäuschungen vorzubeugen, setzen immer mehr Unternehmen auf die Anwendung eines Assessment-Centers oder eines Einstellungstests. Sind die Erwartungen des Unternehmens zu hoch, endet das Szenario meist in der bereits beschriebenen quantitativen oder qualitativen Überforderung.

---

[31] Vgl. Verfürth 2006, S. 101

[32] Vgl. Ströker 2007, S. 16

Daneben kann es aber auch vorkommen, dass der neue Mitarbeiter selbst sehr konkrete, aber nicht erfüllte Vorstellungen vom neuen Arbeitgeber und der neuen Stelle hat, denn „Erwartungen sind die Grundlage der Entscheidung des Bewerbers für eine Stelle".[33] Kieser macht mit diesem Satz deutlich, dass die eigene Erwartungshaltung schlussendlich die Grundlage für eine Entscheidung für oder gegen eine Stelle ist. Eine falsche Erwartung beim neuen Mitarbeiter kann einerseits aus der verzerrten Selbstdarstellung des Unternehmens bzw. nicht gehaltenen Versprechungen entstehen. Während der Einarbeitungsphase erkennt der neue Mitarbeiter recht schnell, ob seine Erwartungshaltung zu hoch war. Ein weiterer Grund für anfängliche Demotivation sind vor dem Arbeitsantritt getätigte Versprechungen, die im Einführungsprozess nicht eingehalten werden. So kann beispielsweise ein versprochenes Firmenfahrzeug, welches nicht oder erst verspätet bereit steht, große Enttäuschung beim neuen Mitarbeiter auslösen. Andererseits kann es durch eine zu positive Selbsteinschätzung des Bewerbers zu einer Überschätzung der eigenen Person kommen, was aber im Vergleich zu der verzerrten Selbstdarstellung des Unternehmens seltener vorkommt. Zur Lösung der Konflikte aus unterschiedlichen Erwartungshaltungen sollte sowohl ein Unternehmen als auch ein Bewerber stets bei der Realität bleiben. Werden neben positiven Aspekten zu Beginn auch Schwächen und evtl. Probleme aufgezeigt, stärkt dies die Vertrauensbasis und eine stärkere „Arbeitgeber-Arbeitnehmer-Bindung" ist die Folge. In der Literatur wird häufig der Begriff der „realistischen Rekrutierung" oder einer sog. „Schutzimpfung" verwendet, wenn es sich um die anfängliche Offenlegung der möglichen Problemfelder beim Antritt neuer Stellen handelt.[34] *Anfängliche Abschreckung durch die ehrliche Nennung möglicher Probleme oder Schwächen fördert bei gemeinsamer Lösung die positive Entwicklung des Arbeitgeber-Arbeitnehmer-Verhältnisses (These 7).*

4.3 Konflikte durch Versäumnisse der Führungskraft

In Kapitel 3.3 werden die vielfältigen Aufgaben einer Führungskraft im Integrationsprozess beschrieben. Kommt der Vorgesetzte diesen Aufgaben nicht nach, ergeben sich daraus eine Reihe von Problemen und Konflikten für den neuen Mitarbeiter. Hauptsächlich Vorgesetzte der älteren Generation nehmen die möglichen negativen Auswirkungen aus einem nicht optimal gestalteten Einführungsprozess nicht ernst und ziehen den „Wurf ins kalte

---

[33] Zit. n. Kieser, 1990, S. 58
[34] Vgl. Berthel / Becker 2010, S.353

Wasser“ vor. Sie selbst wurden häufig früher auf diese Weise integriert und wissen aus diesem Grund nicht, welchen Informationsbedarf ein neuer Mitarbeiter zu Beginn hat.

Unklare Stellenbeschreibung

In der ersten Zeit wird sich der neue Mitarbeiter aufgrund seiner anfänglich fehlenden Erfahrung stark an die Stellen- und Aufgabenbeschreibung halten. Ist diese Stellenbeschreibung unzureichend und lückenhaft formuliert, ergeben sich schnell Probleme bei der Ausübung der Aufgaben. So kann es beispielsweise durch eine unklare Formulierung passieren, dass ein neuer Mitarbeiter es seinen neuen Kollegen recht machen will und er somit Aufgaben erledigt, die ursprünglich nicht in seinem Kompetenzbereich stehen. Diese unklare Rollenbeschreibung (Rollenambiguität) verstärkt die bereits von Beginn an vorhandene Unsicherheit. Folglich findet sich der neue Mitarbeiter nur sehr schleppend in seiner neuen Stelle zurecht, da er sich seiner Rechten und Pflichten sowie seiner Befugnisse nicht vollständig bewusst ist.[35]

Führungsdefizite

Häufig entstehen Probleme, wenn der Vorgesetzte des neuen Mitarbeiters mangelnde Führungskompetenz aufweist. So kann die Führungskraft durchaus fachlich sehr kompetent sein, jedoch wirkt sich eine unzureichende Sozial- und Methodenkompetenz sehr negativ auf den Einführungsprozess aus. Wird beispielsweise die Vorstellung des neuen Mitarbeiters am ersten Tag überhaupt nicht bzw. falsch durchgeführt, hat dies einen stark negativen Einfluss auf den weiteren Erfolg der Einarbeitung. Bei nicht vorhandener Vorstellung hat der neue Mitarbeiter aufgrund seiner Unbekanntheit einen schweren Stand und muss sich selbst bei seinen neuen Kollegen vorstellen. Lobt eine Führungskraft den „Neuen“ vorab zu stark, machen sich eventuell Neid und Missgunst in der Belegschaft breit, was wiederum negativ auf de neuen Angestellte zurückfällt.

Das schwerwiegendste Führungsdefizit ist unumstritten das Feedback-Defizit, denn dem Feedback kommt in der Einarbeitung eine zentrale Rolle zu. Der neue Mitarbeiter ist in dem neuen Arbeitsumfeld ständig auf das Feedback und die Bewertung durch die Führungskraft angewiesen. Ohne die Bewertung seiner Arbeitsweise ist eine Anpassung an die gewünschten Regeln und Sitten des Unternehmens nicht möglich. Der Mitarbeiter weiß somit nicht, wo er steht und verinnerlicht möglicherweise eine falsche Arbeitsweise. Ne-

---

[35] Vgl. Verfürth 2006, S. 102

ben dem quantitativen Defizit an Feedbackgesprächen kann auch ein qualitatives Defizit herrschen. So verunsichern unsystematische und widersprüchliche Feedbackgespräche oder Anweisungen von verschiedenen Vorgesetzten den neuen Mitarbeiter.[36] *Zusammenfassend lässt sich sagen: Führungsdefizite sind Rollenunklarheiten, die vom Vorgesetzen verursacht werden (These 8).*

4.4 Resultierende Effekte aus den Konflikten

Das Resultat aus allen Konfliktarten ist die Entstehung von Unsicherheit und Orientierungslosigkeit beim neuen Mitarbeiter. Kann dieser Zustand von der Führungskraft nicht behoben werden, bzw. ist die Führungskraft sogar für den Gefühlszustand beim neuen Mitarbeiter verantwortlich, äußert sich dies schnell in Form von Unmut, Demotivation und Resignation um. Ist ein Arbeitgeber-Arbeitnehmer-Verhältnis erst einmal an diesem Punkt angelangt, ist es nur noch schwer zu retten. Eine mögliche Folge ist die innere Kündigung des neuen Mitarbeiters. Hierbei wird zwischen einem stillen Rückzug (erhöhte Passivität) und der aktiven Verweigerung (nur Dienst nach Vorschrift) unterschieden. Führungskräfte müssen diese Reaktion des neuen Mitarbeiters frühzeitig erkennen und handeln, denn häufig sind die Vorgesetzten selbst der Auslöser dafür. Autoritärer Führungsstil, Arroganz, willkürliche Kontrollen, Fehlen von positiver Kritik oder Ausschluss von Mitarbeiter bei wichtigen Entscheidungen sind nur einige mögliche Gründe für die innere Kündigung. Als letzte Konsequenz bleibt dem neuen Mitarbeiter nach einer gewissen Zeit nur noch die endgültige Kündigung oder er bleibt im Unternehmen, arbeitet aber dann nur noch sehr unproduktiv. Beide Szenarien verursachen Kosten für einen Betrieb, können aber durch die richtige Verhaltensweise der Führungskraft vermieden werden.

Neben der inneren Kündigung besteht auch noch die Gefahr der Frühfluktuation. Unter Frühfluktuation wird der Arbeitsplatzwechsel innerhalb des ersten Jahres verstanden. Studien haben ergeben, dass durchschnittlich ein Drittel aller neu eingestellten Mitarbeiter das Unternehmen innerhalb des ersten Jahres wieder verlassen. Umfragen zeigen, dass neben unrealistischen Erwartungen auch die Unklarheit des Aufgabengebiets Hauptursachen für einen frühzeitigen Wechsel sind.[37] Da sich die Einstellungskosten für den neu zu suchenden Arbeitnehmer bzw. die Abfindung für den ausscheidenden Angestellten je nach Quali-

---

[36] Vgl. Verfürth 2006, S. 102
[37] Vgl. Ströker 2007, S. 19

fikationsstufe auf bis zu 200% des Jahresgehalts belaufen können, sind solche kostspieligen Fluktuationen zu vermeiden.[38] *Neben den offensichtlichen Kosten, wie beispielsweise eine erneute Anzeigenkampagne, bedeutet der Verlust eines neuen Angestellten durch Frühfluktuation auch einen gesteigerten Bedarf an Zeit und Aufwand für die wiederholte Einarbeitung (These 9).*

5. Fazit

Die Bedeutung eines systematischen und erfolgreichen Integrationsprozesses wird immer mehr von den Unternehmen erkannt. Die Tatsache, dass die Kosten, welche durch eine eventuelle Frühfluktuation verursacht werden, höher sind als eine gut strukturierte Einführung, hat die Unternehmen vollends überzeugt. Doch die Erkenntnis allein reicht nicht aus um den Erfolg zu gewährleisten. Das Konfliktpotential, das ein komplettes Einführungsprogramm mit sich bringt, ist immer noch enorm. Aus diesem Grund ist eine sorgfältige Planung und Durchführung unumgänglich. Mehrere Parteien können hierbei die Aufgaben im Integrationsprozess übernehmen. So müssen Personalabteilung, Pate, bestehende Belegschaft und die Führungskraft eng zusammenarbeiten, um letztlich erfolgreich zu sein. Die Koordination aller Teilnehmer und die Verantwortung für das Gelingen der Einarbeitung liegt bei der Führungskraft und aus diesem Grund ist die Integration neuer Mitarbeiter eine nicht delegierbare Führungsaufgabe. Durch regelmäßiges Feedback wird dem neuen Mitarbeiter zum einen Sicherheit verliehen und zum anderen kann ein eventuell gewünschter Anpassungsbedarf frühzeitig geäußert werden. Der Einsatz von Checklisten bzw. Einarbeitungsplänen kann sowohl für die Führungskraft als auch für den neuen Mitarbeiter sehr hilfreich sein. Jedoch sollte stets beachtet werden, dass jeder neue Angestellte ein Individuum ist und auch als solches dem Unternehmen erhalten bleiben soll. Aus diesem Grund ist zu einem individuell abgestimmten Einarbeitungsplan zu raten.

Aus diesem Grund lautet meine letzte These: *Unternehmen die weiterhin ihre Augen vor der Wichtigkeit einer gut organisierten Einarbeitung und Sozialisation verschließen, werden auf Dauer an Attraktivität auf dem Arbeitsmarkt einbüßen (These 10).*

[38] Vgl. Ströker 2007, S. 19

Literaturverzeichnis

Asgodom, S. (2007): Raus aus der Komfortzone, Frankfurt, *Deskriptoren: Arbeitsweltzukunft, Unternehmensgründungen von Frauen, Geschäftsideen, Selbstständigkeitstrend, Eigenständigkeit*

Berthel, J., **Becker** F. (2010): Personalmanagement – Grundzüge für Konzeptionen betrieblicher Personalarbeit, 9. Auflage, Stuttgart; *Deskriptoren: Gruppenarbeit, Leistungsdeterminantenkonzept, Anreizsysteme, Personalcontrolling, Personalfreisetzungsarten*

Bröckernmann, R. (2007): Personalwirtschaft, Lehr- und Übungsbuch für Human Ressource Management, 4. Auflage, Stuttgart; *Deskriptoren: Personalbeurteilung, Personalfreisetzung, Personalcontrolling, Personalmanagementübungen, Personal- und Organisationsentwicklung*

Büdenbender, U., **Strutz**, H. (2011): Gabler Kompaktlexikon Personal, Wichtige Begriffe zu Personalwirtschaft, Personalmanagement, Arbeits- und Sozialrecht, Wiesbaden; *Deskriptoren: Mitarbeiterbeurteilung, Berufskrankheiten, Auslandsvergütung, Arbeitsverweigerung, Mitarbeitergespräch*

Huber, H. (1992): Einführungsprogramme für neue Mitarbeiter in **Gaugler**, E., **Weber**, W. (1992): Handwörterbuch des Personalwesens: Enzyklopädie der Betriebswirtschaftslehre, Stuttgart; *Deskriptoren: Arbeitsbewertung, Arbeitsgestaltung, Arbeitskonzepte in Produktion und Verwaltung, Arbeitsmotivation, Entlohnungssysteme*[39]

Hurrelmann, K. (2002): Einführung in die Sozialisationstheorie, 8. Auflage, Weinheim, Basel; *Deskriptoren: Sozialisationstheorien, Familiensozialisation, Bildungssysteme, Erziehungssystemen, individuelles Umfeld*

Kieser, Alfred (1990): Die Einführung neuer Mitarbeiter in das Unternehmen, 2. Auflage, Frankfurt; *Deskriptoren: Erwartungshaltungen, Bindungen, Eingliederungsprogramme, Feedbackwirkungen, Rollenkonflikte*

---

[39] Anmerkung: Hierbei handelt es sich um einen Sammelband mit diversen Themen. Bei der Auswahl der Deskriptoren wurde das Thema „Personalmanagement im Lean Management" als übergeordnete Kategorie gewählt.

Kratz, H-J. (1997): Neue Mitarbeiter erfolgreich integrieren – Nutzen Sie ein praxiserprobtes Einführungskonzept, Wien; *Deskriptoren: Vorbereitung, Begrüßung, Einweisung, Unterweisung, Kontrolle*

Lorenz, M., **Rohrschneider**, U. (2009): Erfolgreiche Personalauswahl – Sicher, schnell und durchdacht, Wiesbaden; *Deskriptoren: Anforderungsprofil, Bewerbungsunterlageninterpretation, Vorstellungsgespräche, Online-Assessments, Telefoninterview*

Mess, F. (2007): Sport als Medium zur organisationalen Sozialisation neuer Mitarbeiter?, Konstanz; *Deskriptoren: Sozialisationsarten, Sozialisationspraktiken, Sozialisationseinflüsse, Sozialisationstheorien, Betriebssportarten*

Rohrlack, K. (2012): Personalbeschaffung – kompakt!, München, Mering; *Deskriptoren: Personalmarketing, Personalbeschaffungswege, Personalauswahl, Auswahlentscheidungsgrundlagen, Personalbeurteilung*

Stäbler, M., **Schleiter**, A. (1999): Systematisches Beschäftigungsmanagement in der Praxis, Bertelsmann Stiftung (Hrsg), Bielefeld; *Deskriptoren: Personalstrategie, Personalplanung, Beschäftigungsstabilisierung, Personalredukion, Entgeltflexibilisierung*

Stenken, N. (2004): Leitfaden zur erfolgreichen Einarbeitung neuer Mitarbeiterinnen und Mitarbeiter, Der Senator für Finanzen, Stadt Bremen (Hrsg.), Bremen; *Deskriptoren: Einarbeitungsziele, Einarbeitungsphasen, Einarbeitungsverantwortlichkeiten, Praxischecklisten, Umsetzungsratschläge*

Ströker, D. (2007): Einarbeitung neuer Mitarbeiter, Integration in der betrieblichen Praxis, Saarbrücken; *Deskriptoren: Sozialisationsphasen, Integrationsziele, Erfolgsindikatoren, Fallbeispiel (Kohl-Gruppe), Einarbeitungschecklisten*

Verfürth, C. (2006) Einarbeitung, Integration und Anlernen neuer Mitarbeiter in **Bröckermann** R., **Müller-Vorbrüggen** M. (2006): Handbuch Personalentwicklung: Die Praxis der Personalbildung, Personalförderung und Arbeitsstrukturierung, Stuttgart, *Deskriptoren: Einarbeitungsbedeutung, Einarbeitungszeitpunkt, Einführungsveranstaltungen, Probezeit, Erfolgsfaktoren*

Rechtsquellenverzeichnis

BetrVG 2001 : Betriebsverfassungsgesetz 2001, in der Fassung der Bekanntmachung vom 25.09.2001, BGB1. I S. 2518, zuletzt geändert durch Art 9 G zur Errichtung eines Bundesaufsichtamtes zur Flugsicherung und zur Änd. und Anpassung weiterer Vorschriften v.29.7.2009, BGB1. I S. 2424

Anhang

Checkliste zur Einführung neuer Mitarbeiterinnen und Mitarbeiter

Mitarbeiter/in: ____________ Eintrittsdatum: ____________ Startbegleiterin/Startbegleiter: ____________ **Maßnahmen/Aufgaben/Wer macht was?**	**Führungskraft**	**Pate**	**Personalab- teilung**	☑
Vor dem ersten Arbeitstag				
Kolleginnen und Kollegen informieren: Name, Arbeitsbeginn, Aufgaben und Funktion der neuen Kollegin/des neuen Kollegen	X			
Festlegen und Vorbereiten der Startbegleiterin/des Startbegleiters	X			
Formalitäten mit der Personalabteilung klären. Folgende Unterlagen müssen mindestens 2 Woche vor Dienstantritt an die Personalabteilung geschickt werden: • Begründung für die Auswahl • Gewünschter Beginn der Aufnahme • Arbeitsplatzbeschreibung • Dienstplan/Dienstzeitenregelung	X			
Bereitstellen des Arbeitsplatzes und Ausstattung (PC, Telefon, Drucker, Arbeitsgeräte, Postfach, Kopierkarte (3 Wochen vor Arbeitsbeginn bestellen), Schlüssel (3 Wochen vor Arbeitsbeginn bestellen), Laborordnung ...).				
Vergeben und Einrichten der notwendigen Berech-				

tigungen für die Nutzung der EDV-Systeme (Novell Account, FIS, …)				
Entwurf des Einarbeitungsplanes	X			
Sonstiges:				
Erster Arbeitstag				
Begrüßung durch die Führungskraft und Orientierungsgespräch	X			
Rundgang durch die Abteilung: • Arbeitsplatz zeigen • Vorstellung der Kollegen und Kolleginnen • Vorstellung der Startbegleiterin/des Startbegleiters	X			
Einarbeitungsplan besprechen	X			
Schlüssel übergeben				
Visitenkarten bestellen				
Laborordnung übergeben				
Sonstiges:				
Einarbeitungsphase				
Die erste Woche:				
Besprechung der ersten Arbeitsschritte, Definition erster Projekte und Aufgaben (nach Einarbeitungsplan)	X			
IT erklären (Novell Account, Server, FIS, …)				
Notwendige Software installieren				

Vorstellen bei erweitertem Personenkreis (z.B: wichtigen Ansprechpersonen in der Universität, …)				
Informationen über universitäre Anlaufstellen				
Wichtige Formulare im Netz zeigen (Personalabteilung, Finanzservice, …)				
Installation und Erklärung des Arbeitszeiterfassungsprogrammes				
Interne Gebräuche, Regeln, … erklären (z.B. Teambesprechungen, Kaffeekassa, …)				
Feedbackgespräch am Ende der Probezeit				
Sonstiges:				
Die ersten drei bis sechs Monate:				
Betreuung von und Feedback zu den ersten Aufgaben				
Mitarbeiter/innengespräch				
Sonstiges:				

Checkliste für die Einarbeitung neuer Mitarbeiter [40]

[40] In Anlehnung an den Leitfaden „Einarbeitung neuer Mitarbeiter/innen“ der Universität für Bodenkultur Wien

Aufgabe	Information	Hilfestellung durch	Erledigt bis
Erste Aufgaben und Projekte sollen hier möglichst konkret festgehalten werden.	*Welche Informationen werden benötigt? Wo bzw. von wem erhält die neue Mitarbeiterin bzw. der neue Mitarbeiter diese?*	*Wer bietet konkrete Unterstützung bei der Bearbeitung der Aufgabe?*	*Bis wann soll die Aufgabe erledigt sein?*

Einarbeitungsplan für die Einarbeitung neuer Mitarbeiter[41]

[41] In Anlehnung an den Leitfaden „Einarbeitung neuer Mitarbeiter/innen“ der Universität für Bodenkultur Wien

Lightning Source UK Ltd.
Milton Keynes UK
UKHW040753150319
339205UK00001B/327/P

9 783656 310563